pourquoi les hommes nous font rire!

Cindy Garner

Chantecler

Titre original: *How are men like noodles?*
The ultimate jokebook about men. Part 1 & 2

First published in the USA by Andrews McMeel
Publishing, Kansas City, MO64111.

Cette édition par: Chantecler, Belgique - France
Traduction française: P. Bracaval
D-MCMXCIX-0001-383
Imprimé dans l'UE

Le romantisme

Quelle est la définition qu'un homme donne à une soirée romantique ?
Le sexe.

●

Pourquoi les voitures sont-elles mieux traitées que les femmes ?
Parce qu'elles bénéficient d'un peu d'attention tous les 10 000 km ou tous les six mois.

●

Quel est l'exemple d'un cadeau masculin à la fois romantique et pratique ?
Un grille-pain phosphorescent.

Pourquoi les hommes adorent-ils avoir le coup de foudre ?
Parce qu'il leur permet de gagner beaucoup de temps.

Mon mari a toujours veillé à ce qu'une certaine ambiance romantique règne dans notre chambre à coucher.
Tous nos enfants ont été conçus durant un spot publicitaire pour Martini.

Quelle est, à en croire la plupart des hommes, la caractéristique indispensable d'un excellent restaurant ?
a. Une nourriture excellente.
b. Un service excellent.
c. Un téléviseur à écran géant et de la bière glacée.

Au cinéma, une femme tombe sous le charme d'une scène extrêmement romantique.
C'est précisément à ce moment-là que son mari se penche vers elle et qu'il lui susurre à l'oreille : «Passe-moi le pop-corn, s'il te plaît»

Vous et votre fiancé êtes installés sur le divan. Vous éteignez la lumière.
a. Il fait semblant de rien.
b. Il se déchaîne.
c. Il comprend le truc et rentre chez lui.

Pourquoi les hommes aiment-ils les plats surgelés ?
Parce qu'ils adorent manger, ou faire l'amour, en moins de 3 minutes.

À quel moment un homme pense-t-il à organiser un dîner aux chandelles ?
Lors d'une panne d'électricité.

●

Que doit faire une femme pour capter l'attention d'un homme ?
Utiliser un parfum à la bière.

●

Lorsqu'ils nous demandent en mariage, les hommes nous promettent du champagne et du romantisme.
Après le mariage, nous avons généralement droit à la bière et à la télévision.

Les hommes et les femmes

Quel est le seul exercice physique que font la plupart des hommes sur la plage ?
Rentrer le ventre au passage d'une jolie blonde en string.

Que doit faire une femme pour savoir ce que c'est de vivre sans homme ?
Se marier.

Pourquoi les hommes sont-ils stupides de reprocher aux femmes de cancaner ?
Parce que s'ils n'existaient pas, nous n'aurions pas besoin de cancaner.

Qu'est-ce que les hommes considèrent comme une relation d'égal à égal ?
a. Nous cuisinons - ils mangent.
b. Nous repassons - ils froissent.
c. Nous nettoyons - ils salissent.

Les hommes répondent aux besoins des femmes, à condition que les besoins de ces dernières soient les suivants :
a. Le sexe.
b. Le foot.
c. La bière.

Les hommes sont prêts à tout faire pour nous, les femmes, excepté :
a. Travailler.
b. Discuter.
c. Ranger leur bordel.

Quel est le point commun entre les hommes et les femmes ?
Les hommes et les femmes se méfient des hommes.

Quelle est la différence entre un cadeau fait par amour et un cadeau fait par remords ?
Les cadeaux faits par remords sont toujours plus beaux.

Quelle est la différence entre le ventre des femmes et le ventre des hommes ?
Le premier produit des enfants, le second produit des rots et des pets.

Bon à savoir

Les diamants sont les meilleurs amis de la femme. Le chien est le meilleur ami de l'homme. Vous savez à présent quel sexe est le plus débile.

•

Quel est l'avantage d'avoir des femmes astronautes dans une navette spatiale ?
Si l'équipage se perd dans l'espace, l'astronaute féminine osera demander quelle est la route à prendre.

•

Pourquoi les femmes sont-elles plus dépressives que les hommes ?
Parce qu'elles les fréquentent.

Maintenant que nous avons réussi à envoyer un homme sur la lune, qu'attendons-nous pour les y envoyer tous ?

L'homme idéal est bien élevé, obéissant et il sort la poubelle. Il est dommage qu'on ne puisse apprendre aux chiens à sortir la poubelle.

Que peut-on dire d'un homme élégant ?
Que son épouse a beaucoup de goût.

Pourquoi la plupart des hommes souffrent-ils d'un complexe d'infériorité ?
Parce que ce sont des êtres inférieurs !

Comment peut-on obliger un homme à faire des abdominaux ?
En lui glissant une télécommande entre les orteils.

Pourquoi la psychanalyse est-elle plus efficace pour les hommes ?
Parce qu'il est très facile de leur faire revivre leur enfance, dans la mesure où ils n'ont jamais quitté ce stade de la vie.

On dit que les hommes ne s'intéressent qu'au sexe. C'est partiellement vrai, mais ils s'intéressent également
a. au pouvoir et à la politique.
b. à l'argent.
c. à la bière.

Les hommes sont comme...

Quel est le point commun entre les hommes et les Ovnis ?
On ne sait pas d'où ils viennent, où ils vont ou encore à quel moment ils vont disparaître.

•

Quel est le point commun entre un homme et un gobelet en plastique ?
Ils sont tous deux destinés à être jetés.

•

Quelle est la différence entre l'homme et E.T. ?
E.T. téléphone chez lui.

Quel est le point commun entre un homme et une tache de colle ?
Il n'est pas facile de s'en débarrasser.

Quel est le point commun entre l'homme et la pelure de banane ?
Ils nous font souvent déraper.

Quelle est la différence entre un homme et une noix ?
Aucune, ils sont aussi difficiles l'un que l'autre à faire craquer.

Quelle est la différence entre un homme et la météo ?
Aucune. On ne peut rien y changer.

Quel est le point commun entre un homme et un robot ménager ?
Presque toutes les femmes en ont un, mais elles ne savent pas précisément à quoi il sert.

Quelle est la différence entre un homme et une voiture de sport ?
Aucune. Ils ne sont pas fiables, ils coûtent cher à l'entretien et ils sont trop rapides.

Quel est le point entre un homme et un diplôme ?
On met souvent beaucoup de temps à l'obtenir, mais lorsqu'on en a un, on ne sait pas nécessairement quoi en faire.

Quel est le point commun entre un petit ami et un cafard ?
Ils squattent la cuisine et on ne s'en débarrasse que très difficilement.

Quel est le point commun entre l'homme et la pub ?
Leurs affirmations sont souvent mensongères.

Quelle est la différence entre un homme qui regarde le foot et un divan ?
Le divan ne demande pas de lui servir à boire.

Les hommes

Pourquoi y a-t-il autant d'hommes heureux ?
Parce que l'ignorance est un bienfait !

●

Aucun homme n'admet qu'il s'est trompé de chemin en voiture.
Qu'affirmera le vôtre ?
a. J'ai choisi une route plus bucolique.
b. Ils ont modifié toutes les routes depuis la dernière fois que je suis passé ici.

●

Pourquoi les hommes ne paient-ils que demi-tarif chez les thérapeutes ?
Parce qu'ils sont si faciles à comprendre !

Si un homme a besoin d'une heure pour faire la vaisselle, combien de temps mettront quatre hommes à faire la même vaisselle ?
Ils ne la feront pas. Ils s'installeront devant la télévision pour regarder un programme de sport.

Quelle est la caractéristique la plus extraordinaire des hommes ?
Ils vieillissent sans jamais devenir adultes.

Signes extérieurs

À quoi voit-on que l'homme exerce une force d'attraction «animale» ?
Il attire les mouches.

●

Quel est le point commun entre la plupart des hommes et Tom Cruise ?
Ils ont tout ce qu'il a, sauf son talent, son argent et son physique.

●

Que se passe-t-il lorsqu'un homme tente de dissimuler sa calvitie naissante ?
La vérité finit toujours par être mise au grand jour.

Les rêves masculins

Les femmes rêvent de la paix universelle, d'un environnement plus propre et de mettre un terme à la faim dans le monde.
Mais à quoi rêvent les hommes ?
Ils rêvent d'être bloqués dans un ascenseur en compagnie de trois amazones assoiffées de sexe.

•

Si un homme pouvait décréter une nouvelle loi, ce serait :
a. Organiser la coupe du monde toutes les semaines.
b. Interdire par la loi le nettoyage et l'entretien.
c. Obliger les femmes à travailler à poil.

Rendez-vous

À quoi remarquez-vous que l'homme avec lequel vous avez un rendez-vous est un paresseux ?
Il vous envoie des baisers plutôt que de vous embrasser.

●

Je vais écrire un livre sur mon expérience avec les hommes. Je l'intitulerai «Danse avec les loups».

●

Comment appelle-t-on un homme qui veut coucher avec une femme après le second rendez-vous ?
Un lent.

Un quadragénaire éprouve bien des difficultés à sortir avec une femme aussi mûre que lui.
C'est pourquoi il rancarde souvent des filles de vingt ans.

•

Quelle est la phrase la plus efficace pour décourager un pot de colle ?
a. Dégage ou j'appelle la police.
b. Je t'aime, je veux t'épouser et je veux six enfants de toi.

•

Pourquoi est-il intéressant de sortir avec un homme très imaginatif ?
Parce qu'il vous ennuiera d'innombrables manières.

Les célibataires

Quel est le point commun entre tous les hommes que l'on rencontre dans des bars pour célibataires ?
Ils sont tous mariés.

Quelle est la seule vérité que vous dira un homme qui vous fait la cour ?
Qu'il n'est pas assez bien pour vous.

Où peut-on trouver un homme qui soit à la fois beau, intelligent et un excellent amant ?
Sur les pages de papier glacé de certains magazines.

Que faut-il faire lorsqu'on rencontre un célibataire qui se prend pour un cadeau du ciel ?
L'échanger immédiatement.

Quel est le point commun entre un célibataire et une voiture d'occasion ?
On en trouve partout, à bon prix, mais on ne peut pas leur faire confiance.

Beaucoup de célibataires nous mentent à propos de leur travail. Ils roulent avec des voitures qu'ils ont beaucoup de mal à payer, ils portent une perruque ou des vêtement censés dissimuler leur embonpoint. Et ce sont ceux-là qui nous disent qu'ils sont à la recherche de la femme idéale.

Quelle est la différence entre un cirque et un bar pour célibataires ?
Au cirque, les clowns sont payés pour faire rire.

•

Pourquoi les célibataires préfèrent-ils les femmes pétillantes et intelligentes ?
Parce que les contraires s'attirent.

•

Si la vie est une autoroute, à quoi peut-on comparer la plupart des hommes ?
À une impasse !

•

À quoi reconnaît-on qu'un célibataire est avare ?
Il vous offre un verre d'eau.

Nous nous comparons souvent à Blanche-Neige à la recherche du Prince Charmant.
Malheureusement, les hommes que nous rencontrons ressemblent généralement à Atchoum, Grincheux et compagnie.

●

Comment peut-on faire peur à un célibataire ?
En se cachant derrière lui et lui lançant du riz.

●

Comment un homme s'imagine-t-il son premier rendez-vous ?
Il rêve que sa copine l'accueillera, nue, un carton de bières à la main.

Le boulot : Ce qu'un célibataire affirme (et la vérité)

- *«Je travaille dans le secteur bancaire.»*
  Il est vigile.
- *«Je fréquente les hautes sphères de la société.»*
  Il est laveur de vitres.
- *«Je suis écrivain.»*
  Il possède des notes qui n'ont jamais trouvé d'éditeur.
- *«Je suis indépendant.»*
  Il vient d'être licencié.
- *«Ma fonction requiert une mobilité extrême.»*
  Il est coursier.
- *«Je suis consultant.»*
  Il est chômeur.

Le dévouement

Quelle est la seule certitude qu'une femme peut avoir en cas de problème ? *Elle peut être certaine que son mari ne sera jamais présent lorsqu'elle aura besoin de lui.*

•

Les hommes ont le plus de difficultés à garder ou à conserver...

a. leur emploi.
b. leur argent.
c. leur chien.
d. leur mariage.
e. leur sérieux.
f. tout ce qui précède.

À quel animal l'homme ressemble-t-il le plus ?
Au chien, à la différence que le chien est fidèle.

•

Les hommes préfèrent jurer fidélité à leur pays plutôt qu'à une femme.

Le mariage

Comment distingue-t-on les hommes mariés lors d'un mariage ?
Ils dansent avec toutes les femmes à l'exception de la leur.

●

Lorsqu'une femme entend Monsieur le Maire dire qu'elle se marie pour le meilleur et pour le pire, elle doit savoir que le meilleur est à ranger au rayon des souvenirs.

●

Qu'apprend une femme pendant ses années de mariage ?
À faire preuve de patience.

Parole d'une femme mariée : je n'ai pas d'enfants, si ce n'est mon mari.

Pourquoi les hommes se marient-ils ?
Pour pouvoir tromper quelqu'un.

Pourquoi les femmes pleurent-elles si souvent le jour de leur mariage ?
Il suffit de regarder avec qui elles se marient pour le comprendre.

Les hommes mariés

Quelle est la différence entre un mari et un gorille ?
Un gorille ne laisse pas de poils au fond de la douche.

●

La plupart des hommes détestent entendre leur femme passer l'aspirateur ou nettoyer.
Ils sont obligés d'augmenter le son de la télé.

●

Quelle est la différence entre un amant et un époux ?
Environ quinze kilos.

Comment qualifie-t-on un homme qui est négligent, qui tombe en rade au café au moins une fois par semaine et qui ne fout rien à la maison ?
L'homme moyen.

•

Comment sait-on qu'un jeune marié est paresseux ?
Il ne propose pas à sa jeune épouse de la porter pour franchir le seuil de la porte.

•

Il est très pénible de rentrer à la maison après une dure journée de travail et de devoir s'occuper d'un enfant geignard - mais le mariage est à ce prix.

Même si de nombreux hommes ont un travail épuisant, ils s'efforcent de passer du temps avec leur petite famille - de préférence en ronflant sur le canapé.

•

La plupart des hommes mariés détestent s'occuper du linge sale. Ils se contentent le plus souvent de le laisser tomber sur le sol.

La fidélité

Comment interpréter les propos que les hommes mariés tiennent aux femmes seules.

- *«Je suis divorcé.»*
  Je viens d'enlever mon alliance.
- *«Ma femme ne me comprend pas.»*
  Elle ne le comprend que trop bien.
- *«Je pars une semaine en voyage.»*
  Je passe cette semaine avec sa famille.
- *«Je ne peux pas quitter ma femme. Sois patiente.»*
  Patiente jusqu'à la fin de tes jours.

Quelle est la différence entre un homme et un chat de gouttière ?
La taille de l'homme.

Pourquoi les hommes trompent-ils toujours les femmes qui leur font confiance ?
Parce qu'il leur est impossible de tromper les femmes qui ne leur font pas confiance.

Pourquoi le chien est-il le meilleur ami de l'homme ?
Parce que le chien est fidèle, lui.

Une femme apprend que son mari la trompe. Lorsqu'elle lui en parle, il répond qu'ils sont deux à être responsables de cette situation. Qu'entend-il par là ?
Les deux responsables sont son épouse et sa maîtresse.

Pourquoi les hommes préfèrent-ils laisser la lumière allumée pour faire l'amour ?
Pour éviter de se tromper de nom.

Lorsqu'un homme trouve sa femme au lit avec un autre homme, on parle d'adultère. Comment appelle-t-on la situation inverse ?
Un moment d'égarement.

Pourquoi les hommes préfèrent-ils les blondes ?
Parce que les cheveux blonds sont presque invisibles sur une chemise blanche.

Pour la plupart des hommes, la monogamie signifie

a. Qu'ils n'ont qu'une femme dans leur vie.

b. Qu'ils n'ont de relations sexuelles qu'avec une seule femme.

c. Que leurs maîtresses ne peuvent coucher qu'avec eux.

Mon mec à moi !

Certains hommes n'ont pas le sens de l'humour. Le mien n'a ni l'un, ni l'autre.

•

Il y a quelques jours, mon mari m'a emmenée au cinéma en plein air. C'était comme au bon vieux temps. Tous ses copains étaient là.

•

Mon mari est tellement gros que le jour où il s'était endormi sur la plage, les enfants ont essayé de le repousser dans la mer.

Mon mari est tellement lent qu'il doit préparer son café soluble la veille.

Mon mari est un habitué des salles de sport ; il fait de l'haltérophilie. Il soulève pendant une heure des haltères de 25 kilos. Pourtant, quand il rentre à la maison, il prétend qu'il n'a plus d'énergie pour porter les sacs de provisions.

Les nuls

À quoi s'intéresse l'homme qui se promène sur une plage avec son épouse ?
À toutes les autres femmes.

●

Certains hommes se vantent qu'ils n'ont encore jamais été licenciés. C'est généralement parce que
a. Ils ont présenté leur démission avant d'être licenciés.
b. Ils n'ont encore jamais travaillé.

●

L'homme est éternellement en quête de la femme idéale. Mais pourquoi ?
Parce qu'il est loin d'être l'homme idéal.

Comment certains hommes évitent-ils de prendre des décisions néfastes pour la suite de leur carrière ?
En ne travaillant jamais.

L'homme moyen :
a. Connaît le moindre centimètre carré de sa voiture, mais ne peut pas en dire autant de son épouse ou de sa copine.
b. connaît la date exacte à laquelle il a acheté sa voiture, mais ne se souvient jamais des anniversaires.
c. est plus adroit derrière le volant que dans un lit.

Quelle est l'idée que l'homme se fait de l'équité ?
Il mange sa part et ensuite la vôtre.

Les hommes feraient tout pour une femme, sauf :
a. Ne pas s'endormir après avoir fait l'amour.
b. Répondre lorsque nous leur demandons ce qui se passe.
c. Demander leur route lorsqu'ils sont derrière le volant.

Qu'est-ce qu'un homme du monde ?
Il est toujours au champ et à la ville, mais jamais à la maison.

Pourquoi les hommes évitent-ils d'être eux-mêmes ?
Parce qu'ils se connaissent trop bien.

Comment sait-on qu'un homme est impossible à vivre ?
Lorsque même son chien l'a quitté.

Le sexe

Quel est le point commun entre un homme et un four à micro-ondes ?
Aucune. Vous l'allumez et trente secondes plus tard, c'est fait !

•

Pourquoi une femme ne dit-elle jamais à son mari qu'elle prend son pied ?
Parce qu'il est toujours absent à ce moment-là.

•

Quel est l'aspect de leur vie de célibataire que les femmes mariées regrettent le plus ?
Le sexe.

Une fois mariés, la plupart des hommes ne s'intéressent plus au sexe. Dans certains cas, la situation est tellement grave que

a. L'homme change davantage de position pendant son sommeil que pendant l'acte sexuel.

b. L'homme ne s'endort plus après mais pendant l'acte sexuel.

c. Si Madona avait épousé un de ces hommes, elle ne se sentirait pas comme une vierge, mais elle le serait encore.

●

L'homme moyen

a. Veut faire l'amour tous les jours.

b. Raconte à ses copains qu'il fait l'amour tous les jours.

c. A des copains assez stupides pour le croire lorsqu'il raconte qu'il fait l'amour tous les jours.

Les hommes préfèrent faire l'amour la lumière allumée. Les femmes préfèrent faire l'amour dans l'obscurité. Il semblerait que le regard soit important pour les hommes : ils veulent voir ce qu'ils ont entre les mains. Il l'est aussi pour les femmes : elles préfèrent ne pas voir ce qu'elles ont entre les mains.

•

Le célibataire. Choisissez à quoi il pense lorsque :

1. Il vous salue — *a) au sexe*

2. Il vous demande de sortir avec lui — *b) au sexe*

3. Il vous offre des roses — *c) au sexe*

4. Il vous invite au restaurant — *d) au sexe*

5. Il vous emmène au cinéma — *e) au sexe*

Pour l'homme moyen, les préliminaires sont
a. Une technique de golf.
b. Ce qu'on fait deux minutes avant de passer à l'acte.

Si les femmes pouvaient dire la vérité au lit, ce serait :
a. C'est tout ?
b. Nous prenons du poids, non ?
c. Deux minutes, c'est un record, mon chéri !

J'ai acheté un matelas d'eau pour améliorer les prestations sexuelles de mon mari. En vain. À présent, je l'appelle la Mer morte.

Comment peut-on s'assurer qu'un homme se sent bien au lit ?
En installant un téléviseur dans la chambre.

•

Que doit répondre une femme à un partenaire qui refuse d'enfiler un préservatif sous prétexte qu'il a moins de sensations.
«Alors, nous sommes à égalité.»

•

La plupart des hommes croient-ils que les femmes ne sont bonnes qu'à faire l'amour ?
Non, ils croient généralement qu'elles sont également bonnes à faire le ménage.

Pourquoi les célibataires et les hommes mariés s'envient-ils tellement ?
Parce que chacun s'imagine que l'autre fait plus souvent l'amour.

Si les femmes pouvaient faire la loi

La Fête des Mères deviendrait la Semaine des Mères.

●

Les bas nylons seraient déductibles des impôts.

●

La saison du foot ne durerait que l'espace d'un week-end.

●

Les hommes devraient s'épiler les jambes et les aisselles.

Les rencontres de foot seraient précédées d'un défilé de mode.

●

Demander sa route serait un signe de virilité.

●

Les hommes feraient du café pour leurs supérieures hiérarchiques.

●

Les nouveaux délits :
Ne pas téléphoner pour prévenir de son retard.
Roter.
Avoir l'haleine chargée de bière.
Dégager une forte odeur corporelle.
Pisser sur la lunette des toilettes.

Les cancans seraient une manière féminine de travailler en réseau.

•

Les femmes liraient le journal pendant le petit déjeuner alors que les hommes tenteraient en vain de faire un brin de causette.

•

Les demandeurs d'emploi masculins entendraient : «Désolé, nous cherchons UNE secrétaire.»

•

Les femmes diraient à leur mari : «Je ne parviens pas à comprendre pourquoi tu ne t'en sors pas avec l'argent que je te donne chaque semaine.»

Un homme devrait attendre une semaine avant de pouvoir acheter une télécommande.

●

Les hommes devraient porter des talons aiguilles.

●

Les directrices diraient : «Allons manger ensemble. Mon secrétaire appellera le tien pour fixer un rendez-vous.»

Les hommes et les femmes

Les strings entravent l'irrigation sanguine

a. Des bras chez les femmes.

b. Des jambes chez les femmes.

c. Du cerveau chez les hommes.

●

Les hommes accordent-ils la même importance que les femmes au look ?

Les femmes attachent de l'importance à leur look et les hommes attachent de l'importance au look de leur femme.

Quelles sont les qualités qu'un homme recherche chez une femme ?
Tout dépend s'il est midi ou minuit.

●

Pourquoi les séries télévisées sont-elles une pure fiction ?
Parce que, dans la vie réelle, les hommes cessent d'être gentils et attentionnés dès qu'ils quittent la chambre à coucher.

●

Une femme de trente-cinq ans pense à avoir des enfants. À quoi pense un homme de trente-cinq ans ?
À rencontrer des gamines.

L'utilité des hommes

Pourquoi la mante religieuse dévore-t-elle le mâle après l'accouplement ?
Pour ne pas être réveillée par ses ronflements.

•

Pourquoi Alice s'est-elle perdue au Pays des Merveilles ?
Parce que trois hommes lui ont indiqué son chemin.

•

Comment peut-on être certain qu'un homme ne fera pas la tête lors d'une soirée ?
En le laissant à la maison.

Pourquoi les hommes n'ont-ils pas de crise existentielle de la quarantaine ?
Parce qu'ils restent bloqués toute leur vie au stade de l'adolescence.

●

Comment peut-on éloigner son mari de la maison durant quelques heures ?
En lui racontant que sa belle-mère y passera l'après-midi.

●

Les hommes pensent que les femmes ne savent pas la moitié de ce qu'ils font. Mais quelle est la seule chose qu'ils puissent faire derrière notre dos ?
Attacher la fermeture éclair de notre jupe.

Pourquoi Dieu a-t-il créé l'homme et ensuite la femme ?
Il s'est d'abord entraîné.

•

Si votre mari vient de s'acheter un nouveau téléviseur, une chose est certaine : il s'occupera davantage de la télécommande que de vous.

•

Quelle est la différence entre un clown et le Français moyen ?
Le clown sait qu'on se moquera de sa tenue vestimentaire.

Les hommes sont comme...

Quel est le point commun entre un homme beau, intelligent et charmant et un atome ?
On sait qu'ils existent, mais personne n'en a jamais vu.

●

Quel est le point commun entre un homme et un bracelet ?
Il est parfois agréable d'en avoir un au bras, mais il n'a généralement aucune autre utilité.

Quel est le point commun entre un homme et un distributeur de boissons ?
Ils prennent l'argent, mais la plupart du temps ils ne fonctionnent pas.

●

Quel est le point commun entre une œuvre d'art moderne et le Français moyen ?
Il sont difficiles à comprendre, mais ils ne valent généralement pas le détour.

●

Quelle est la différence entre un homme et un bébé ?
Le bébé accepte de changer de vêtements.

Les bonnes habitudes

Pourquoi le coq crie-t-il ?
C'est une attitude typiquement machiste : il attire l'attention sur les œufs que les poules ont pondus.

•

À quoi voit-on qu'un homme est heureux ?
Regardez ce qu'il a à la main. S'il tient la télécommande dans une main et une chope dans l'autre, il est manifestement heureux.

À quoi voit-on qu'un homme est fatigué ?
Lorsqu'il éprouve des difficultés à tenir sa canette.

Vous partez une semaine en vacances. À votre retour :

a. L'évier déborde de vaisselle sale.
b. Le panier à linge est vide.
c. Le frigo a été dévalisé.
d. Tout ce qui précède.

La propreté

À quoi les extra-terrestres pourront-ils se rendre compte que des hommes ont marché sur la Lune ?
À tout le désordre qu'ils y ont laissé.

●

Que veut dire un homme quand il parle d'«aider dans le ménage ?»
Laisser tomber ses vêtements à un endroit où vous pourrez facilement les ramasser.

●

Pourquoi les hommes n'ont-ils besoin que de quatre séries de sous-vêtements ?
Une série par saison.

Pourquoi est-il faux de qualifier les hommes de cochons ?
Car c'est une injure grave pour ces millions d'animaux utiles.

●

À quoi remarque-t-on qu'un homme vit seul ?
Il considère la chose verte et poilue qui s'est développée dans le frigo comme un animal domestique.

●

Je pense que le Mouvement de Libération de l'Homme est une bonne chose. J'aimerais simplement que ces hommes soient un peu plus mobiles à la maison.

Pourquoi les ouragans devraient-ils avoir des noms masculins ?
Parce qu'ils laissent derrière eux un immense bordel.

Quelle est la seule forme de recyclage que les hommes effectuent ?
Ils utilisent les canettes vides comme cendriers.

La pensée masculine

Quels sont les problèmes que les hommes considèrent comme typiquement féminins ?
Les pannes de lave-vaisselle et d'aspirateur.

•

Un homme affirme avoir vu un chef-d'œuvre extraordinaire.
De quoi s'agit-il ?
a) D'un tableau de Monet.
b) D'une secrétaire portant un chemisier transparent.

Quelles sont les catégories d'aliments les plus importantes pour l'homme ?
La bière, les chips, les hamburgers et les frites.

Quand un homme commence-t-il à s'inquiéter de l'avenir de la planète ?
Lorsqu'on annonce une pénurie mondiale de bière.

Un peu d'histoire

Pourquoi l'empereur était-il nu ?
Parce que sa femme était en vacances.

Pourquoi Moïse a-t-il erré durant 40 jours dans le désert ?
Parce qu'il a refusé de demander son chemin.

Pourquoi Adam était-il un macho ?
Parce qu'au premier problème venu, il a accusé Ève.

Le plus beau jour de la vie

À quoi remarque-t-on que le jeune marié est pingre ?
Parce qu'il ramasse le riz qu'on jette.

●

À quoi remarquez-vous que l'homme que vous venez d'épouser est un macho ?
Parce qu'il n'y a qu'un homme sur le gâteau de mariage.

●

Pourquoi un homme préfère-t-il épouser une fille qui ressemble à sa mère ?
Qui d'autre pourrait avoir envie de faire sa vie avec lui ?

Épouser un divorcé, c'est comme acheter une voiture d'occasion.
Il faudrait connaître la propriétaire précédente et demander pourquoi elle s'en est débarrassé.

Pourquoi les hommes se marient...

Les dix raisons principales pour lesquelles un homme décide de se marier :

10) Sa maman refuse de faire sa lessive.
9) Son comptable le lui a recommandé.
8) Il a besoin de quelqu'un pour ranger son bordel.
7) Il doit trouver quelqu'un pour remplacer les piles de la télécommande.
6) Son frigo et ses armoires sont désespérément vides.
5) Le sexe.
4) Le sexe.
3) Le sexe.
2) Le sexe.
1) Le sexe.

Les hommes et la nourriture

Le Français qui sommeille en chaque homme avant le mariage l'incite à inviter sa fiancée dans un restaurant chic. L'Écossais qui sommeille en chaque homme marié le pousse à emmener sa femme au Mac Donald.

•

Le célibataire moyen est convaincu qu'il cuisine lorsque

Il verse du lait sur ses céréales.
Il réchauffe une portion de pizza au micro-ondes.
Il commande un plat chez le Chinois.
Il réchauffe les restes du plat que sa mère lui a préparé.

Qu'est-ce qu'un homme appelle un menu à sept plats ?
Un hot-dog et six canettes de bière.

Quelle est la nourriture favorite de l'homme ?
La cuisine de sa maman.

Les hommes devraient être interdits de séjour à la cuisine.
Si vous admettez un homme dans votre cuisine, c'est comme si vous demandiez à votre vieil oncle gâteux de tapisser la salle de séjour.

Combien d'hommes faut-il pour salir toutes les casseroles pour la préparation d'un seul repas ?
Un.

Dieu et les hommes

Mon mari aura du mal à s'habituer au Ciel. Il y découvrira deux choses : Dieu est une femme et on y fait pipi assis.

•

Quelle est la seule chose correcte que Dieu fit lorsqu'il créa l'homme ?
Il créa ensuite la femme pour expliquer la différence entre les chaussettes noires et les chaussettes bleu marine.

•

J'ai l'impression que Dieu n'a pas seulement utilisé une côte d'Adam, mais également une partie de son cerveau.

Qu'a dit Dieu après avoir créé l'homme ?
La prochaine fois, je ferai mieux.

•

Trois hommes se retrouvent devant saint Pierre. «J'ai une question à vous poser avant de vous envoyer au Jugement Dernier, fait le saint homme. Que pensez-vous des femmes ?»
«J'ai été marié trois fois, fait le premier. J'en ai soupé.»
«Je n'ai été marié qu'une fois, fait le second, mais elle ne faisait que rouspéter.»
«Je ne peux même pas supporter la simple vue d'une femme, fait le troisième. Je suis resté célibataire toute ma vie.»
«Dieu en a terminé avec le groupe précédent, fait saint Pierre. Elle vous attend.»

Pourquoi si peu d'hommes vont-ils au ciel ?
Parce qu'ils ne s'arrêtent jamais pour demander leur route.

Les hommes et le boulot

Que répond systématiquement un homme lorsque vous lui demandez pourquoi il a échoué ?
«J'ai abandonné.»

•

Comment peut-on obliger un homme à marcher ?
En cachant les clés de sa voiture.

•

Le crash boursier de 1987 n'a eu aucune incidence sur les affaires de mon mari. Il avait déjà fait faillite en 86.

Mon mari voulait faire du chemin dans la vie.
Il est devenu facteur.

Quand voit-on des hommes à pied ?
Quand, après n'avoir pas payé deux remboursements pour leur voiture, la banque leur a retiré celle-ci.

La communication

Pourquoi est-il impossible d'avoir une discussion avec un homme ?
Parce qu'il est extrêmement difficile de parler en sirotant une bière.

Mon mari parle tellement que je suis obligée d'assister aux réunions des AA pour trouver une personne qui veuille bien m'écouter.

Au début, j'ai cru que mon homme était du genre taciturne.
J'ai ensuite compris qu'il n'avait rien à dire.

Pourquoi les hommes ne manifestent-ils pas leurs sentiments ?
Parce qu'ils n'en ont pas.

●

Comment suscite-t-on l'attention d'un homme ?
En se baladant avec un téléviseur portable branché sur son émission favorite.

●

La réconciliation. Ses propos et leur interprétation

- ***«Tu me manques»***
  Ton sens de l'ordre et du rangement me manque.
- ***«Je suis désolé»***
  Je suis désolé de m'être fait attraper.

Le passé d'un homme et l'interprétation qu'il en donne

- *«Je viens de sortir d'une relation longue et pénible»*
  Sa femme vient d'obtenir le divorce.
- *«Ma femme et moi avons divorcé»*
  Elle a la maison et il est à la rue.
- *«J'adore la lecture»*
  Il lit Playboy et Lui.
- *«J'aime les femmes intelligentes»*
  … qui admettent qu'il est supérieur.
- *«Je viens d'une famille aisée»*
  Son arrière-petit-neveu a 10 000 francs sur son compte en banque.
- *«J'ai beaucoup voyagé»*
  Il a pris une cuite à Soisson.
- *«J'envisage de déménager»*
  Il ne trouve pas de travail ici.

La bonne entente : Les propos et leur interprétation

- ***«Je te soutiens dans tout ce que tu fais»***
  À condition que tu ne me demandes pas d'argent.
- ***«Nous allons où tu veux»***
  À condition que ce ne soit pas trop cher.
- ***«Je ne suis pas encore prêt pour une relation»***
  Avec toi.

●

Les hommes sont d'horribles égocentriques. Lors d'une soirée, j'ai eu l'occasion de rencontrer un mec qui n'arrêtait pas de parler de lui-même. À un moment, il fit : «J'ai assez parlé de moi. Parlons de toi. Que penses-tu de moi ?»

C'est un beau parleur, aussi longtemps qu'il parle de lui.

•

À quel moment les hommes trouvent-ils que les femmes manquent de logique ? *Lorsqu'elles ne pensent pas comme eux.*

Les joies du mariage

Quel est le point commun entre un mari et un vieux chien ?
On ne peut plus rien leur apprendre.

●

Quel est le point commun entre un mari et un chat ?
Ils vont et viennent à leur guise et s'arrangent toujours pour rentrer lorsque le repas est prêt.

●

Quelle est la définition masculine du luxe ?
Elle englobe tout ce que la femme possède.

Quel est le point commun entre un mari et un perroquet ?
Ils répètent bêtement les choses intelligentes que les femmes leur ont apprises.

●

Vous passez une soirée tranquille à la maison. Votre mari tient surtout à

a. Discuter.
b. Faire l'amour.
c. Ne pas s'éloigner de la télécommande.

●

Pourquoi les hommes ont-ils plus de difficultés à vivre avec leurs parents qu'avec leur épouse ?
Parce qu'ils éprouvent un sentiment de culpabilité lorsqu'ils mentent à leurs parents.

Vous avez préparé le plat préféré de votre époux. Pour vous remercier,

a. Il vous embrasse.

b. Il vous aide à débarrasser la table et à faire la vaisselle.

c. Il rote.

Lorsqu'un homme marié ouvre la porte à une femme, c'est que

a. Il est bien élevé.

b. Il est galant.

c. Cette femme n'est pas son épouse.

Pourquoi les hommes fonctionnent-ils comme des tondeuses électriques ?

Parce qu'ils sont difficiles à mettre en marche, qu'ils répandent de mauvaises odeurs et qu'ils ont souvent des pannes.

À quoi reconnaît-on un mari paresseux ?
Le jour où il apprend que le mariage et la carrière professionnelle sont difficilement conciliables, il renonce à son emploi.

Le meilleur ami de votre mari a perdu beaucoup de poids. Il fait du sport et a retrouvé la silhouette d'un jeune premier. Votre mari décide
a. De se mettre au sport et de faire un régime.
b. De réfléchir à la question et de commencer son régime dès le lendemain.
c. De trouver un autre copain.

Les petits travaux ménagers

Que fait un homme lorsqu'il décide d'assumer une partie des tâches domestiques ?
Il s'efforce de ne plus uriner sur la lunette des toilettes.

●

Comment peut-on convaincre un homme de sortir les poubelles ?
a. En lui disant qu'elles puent.
b. En lui rappelant qu'il l'avait déjà promis la veille.
c. En le menaçant.
d. En annonçant que la voisine prend un bain de soleil en string.

Neuf fois sur dix, un homme qui tient une serpillière

a. Aide sa femme à nettoyer.

b. Nettoie ce qu'il a sali.

c. Est un représentant en serpillières.

Comment un jeune père assume-t-il ses nouvelles responsabilités ?

En demandant à son épouse de changer le bébé.

Les attentions

Que fait un homme lorsqu'il aide sa femme à refaire le lit ?
Il se lève.

Â quel moment de la journée les hommes préfèrent-ils le café noir ?
Lorsqu'il n'y a personne dans les parages pour leur apporter le lait et le sucre.

Que fait une femme lorsqu'elle souhaite avoir la paix ?
La vaisselle.

Quel est le plus grand paradoxe de l'homme ?
Il n'a jamais le temps de ranger ses chaussettes, mais il passe des heures à faire briller sa voiture.

Quelle est la différence entre un homme, une cravate et une ceinture ?
La cravate serre le cou.
La ceinture serre la taille.
L'homme sert à rien.

La générosité masculine

Une femme raconte à son mari qu'elle veut partir à la découverte du monde. Comment réagit-il ?
Il lui achète une mappemonde.

●

Après le mariage, un homme s'intéresse davantage à son compte en banque qu'à sa femme.

●

Un pauvre a donné un cadeau à sa femme en disant qu'il valait des millions. De quoi s'agissait-il ?
D'un billet de loterie à gratter.

L'homme n'a aucun problème à partager sa vie - mais pas son argent - avec sa femme.

Que fait un homme lorsque son épouse lui dit que la cuisine sent le renfermé ?
Il ouvre la fenêtre pour qu'elle ait un peu d'air frais en faisant la vaisselle.

Lorsqu'un homme vous dit qu'il veut réaliser tous vos rêves, cela signifie qu'il accepte
a. A condition que cela ne lui coûte pas trop cher.
b. A condition que cela ne lui prenne pas trop de temps.
c. A condition que vous réalisiez également tous les siens.

Mon mari est tellement pingre qu'il réutilise les sachets de thé, mais également les cordelettes pour en faire des lacets.

Les rois du bricolage

Le moment où l'homme dit : «Oui, je veux», c'est généralement :
a. Le meilleur moment de sa vie.
b. Un moment dont il faut profiter.
c. La dernière fois que vous l'entendez dire qu'il veut quelque chose.

J'ai acheté une cassette d'autosuggestion afin de conditionner mon mari pendant son sommeil.
Sur cette bande, on répète inlassablement : «Je vais t'aider à faire le ménage, je vais t'aider à faire le ménage...»

Quelle est la phrase qu'une femme préfère entendre, outre le traditionnel «Je t'aime» ?
«Je m'en occupe immédiatement, chérie.»

Comment l'homme participe-t-il aux tâches ménagères ?
En levant les pieds au moment où son épouse passe l'aspirateur.

Combien d'hommes faut-il pour changer une ampoule ?
Personne ne connaît la réponse à cette question. Nous le saurons dès qu'un homme se lèvera de son fauteuil pour le faire.

Quel est le point commun entre un chat et un mari ?
Ils déguerpissent tous les deux lorsqu'ils entendent le bruit de l'aspirateur.

Pourquoi les femmes ne veulent-elles plus se marier ?
Elles préfèrent avoir du bacon dans le frigidaire plutôt qu'un gros porc dans le salon.

Le rangement

Où trouve-t-on la plus grande collection de chaussettes d'homme ?
Sous le lit.

Quelle est la différence entre un homme et un singe ?
À un singe, on peut apprendre à ranger.

Il est scientifiquement établi que les êtres vivants ont besoin d'un environnement propre. Il existe toutefois quelques exceptions notoires : les bactéries, les moisissures et les hommes.

Mon mari ne range jamais ses vêtements. À tel point que nos enfants pensent que les poignées de porte servent de portemanteaux.

Que peut-on dire d'un homme qui porte une chemise sale et froissée ?
Que sa femme est absente.

Demander à un homme de ranger la moitié de la chambre, c'est
a. Impossible.
b. Comme si vous tentiez d'obtenir gain de cause en discutant avec un adolescent.
c. Comme si vous demandiez à un pigeon de nettoyer une statue.

Quelle est l'attitude du célibataire moyen dans son appartement ?

a. Il croit que ses draps sonnent parce qu'il n'a plus vu son téléphone depuis plusieurs mois.

b. Il croit que ses slips miaulent parce qu'il n'a plus vu le chat depuis plusieurs semaines

c. Il pourrait faire la une du magazine : «Comment survivre après un tremblement de terre ?»

●

Lorsqu'un homme enlève sa chemise,

a. Il la laisse tomber sur le sol.

b. Il se plaint parce qu'elle est froissée.

c. Il s'attend à la retrouver lavée et repassée le lendemain.

d. Tout ce qui précède.

Les hommes sont tellement bordéliques que si nous réussissions à leur faire ranger leurs chaussettes sales, nous parviendrions du même coup à résoudre la moitié des problèmes de rangement.

Le célibataire moyen habite dans un appartement tellement bordélique que

a. Il donne l'impression d'avoir été cambriolé, bien que les cambrioleurs ne laissent jamais un tel chantier derrière eux.

b. Il pourrait faire appel au fonds de soutien des victimes de désastres naturels et il aurait droit à une indemnisation.

c. Le seul regard de Mère Thérésa suffirait à lui donner la migraine.

Les hommes ne ramassent jamais rien. Lorsqu'un célibataire laisse tomber un objet, celui-ci restera à l'endroit où il est tombé jusqu'au jour où sa femme le ramassera.

Mon homme à moi

Mon ami me dit souvent : «J'en ai envie. J'en ai vraiment envie. Je n'arrête pas d'en avoir envie.» Alors, je sais qu'il veut que je lui apporte une bière.

•

Mon mari me dit qu'il est un drogué du boulot. Je persiste à lui dire qu'il faudrait d'abord qu'il travaille.

•

Mon mari a une grande habitude de mentir. La dernière fois que nous avons joué au mini-golf, il a réussi à envoyer la balle dans le trou en un seul coup. Il s'est contenté d'inscrire 0 sur la feuille.

Mon mari m'affirme qu'il a des charmes cachés, mais ils sont tellement bien cachés que je ne les ai pas encore découverts.

•

Il est tellement paresseux que le jour où il s'est cassé le bras, le docteur n'a pas pris la peine de le plâtrer. Mon mari ne remue jamais le petit doigt.

•

Paresseux, lui ? Non, pas du tout ! Il a simplement été retardé trois heures à cause d'une panne d'escalator.

•

Il est tellement généreux qu'il donnerait votre chemise.

J'hésiterais à dire qu'il est élégant, courtois et galant. Par contre, lui, pas du tout.

•

J'ai passé une nuit extraordinaire. Mon mari a dormi dans la chambre d'ami.

•

Madonna fait l'amour dix ou douze fois par semaine. Mon mari n'en parle même pas aussi souvent.

•

Hier soir, il s'est approché de moi et m'a langoureusement susurré dans l'oreille sa phrase préférée : «À quelle heure est-ce qu'on mange ?»

Lorsque je suis installée près de mon homme, mon cœur bat la chamade, je me mets à trembler de tous mes membres, j'ai les mains moites... Je crois qu'il est le plus mauvais conducteur du monde.

Les hommes et l'argent

À quoi reconnaît-on aussi un mari avare ?
Il ne cesse de répéter que les meilleures choses de la vie sont gratuites.

À quoi reconnaît-on un homme en avance sur son temps ?
Il a déjà dépensé son prochain salaire.

Comment pouvez-vous savoir si le beau mec qui est assis à côté de vous à l'église est un pingre ?
S'il accorde tout son crédit à Dieu, mais qu'il ne donne pas un centime à la quête.

Comment sait-on qu'un homme est un inconditionnel de la liberté d'expression ?
Parce qu'il utilise votre téléphone portable pour appeler ses copains à l'étranger.

●

Comment pouvez-vous savoir si votre mari est un pingre ?
Il reporte l'achat de l'encyclopédie dont les enfants ont besoin pour l'école jusqu'à ce qu'elle sorte en collection de poche.

Les hommes et les animaux

Quelle est la différence entre un homme et un chien ?
Le chien ne rote pas après avoir mangé.

•

Quelle est la différence entre un homme et un poisson ?
Aucune. Une fois qu'on l'a attrapé, le plaisir est terminé.

•

Pourquoi fait-on des expériences avec des souris blanches ?
Parce qu'elles sont capables de retenir certaines choses.

Quel est le point commun entre un chien et un homme ?
Ils présentent de nombreuses similitudes : ils détestent l'eau et se grattent en public.

Quelle est la différence entre un chien et un jeune marié ?
Après un an, le chien remue toujours la queue en vous voyant.

Les sports

Pourquoi les hommes préfèrent-ils les tribunes couvertes ?
Pour éviter que la pluie ne mouille leur bière.

Quelle est la différence entre un footballeur et un chien plein de puces ?
Aucune. Ils n'hésitent jamais à se gratter les parties intimes en public.

Pourquoi faut-il recommander l'haltérophilie à tous les hommes ?
Pour qu'ainsi ils apprennent à ramasser ce qu'ils laissent tomber.

Pourquoi les hommes adorent-ils les courses automobiles ?
Parce qu'ils peuvent rouler aussi vite qu'ils le veulent sans devoir demander leur route.

●

Pourquoi les hommes pratiquent-ils le jogging ?
a) Pour garder la forme.
b) Pour échapper à leur femme.

Exercice de substitution

Que se passerait-il si les hommes avaient leurs règles ?
a. On trouverait partout des boîtes familiales d'anti-douleurs.
b. Le syndrome prémenstruel serait considéré comme une circonstance atténuante en cas de meurtre.
c. La police secrète veillerait à ce que le président ne puisse pas appuyer sur le bouton rouge pendant cette période.

•

Si les hommes étaient réglés, il y aurait dans chaque quartier un centre de consultation spécialisé dans le traitement du syndrome prémenstruel.

Le divorce

Mon thérapeute m'a conseillé de mettre de l'ordre dans ma vie ; je dois faire disparaître tout ce qui n'est pas prioritaire. J'ai donc demandé le divorce.

Comment appelle-t-on un homme qui vient de perdre 90 % de son intelligence ?
Un divorcé.

Je parle à nouveau à mon ex-mari. Ce matin, je lui ai dit qu'il pouvait aller se faire...

La maladie est à la base de mon divorce : j'ai compris que c'était mon mari qui me rendait malade.

Quel est le point commun entre un ex-mari et une crise d'appendice ?
Ils causent beaucoup de douleur, et, après vous en être débarrassée, vous constatez qu'aucun des deux ne servait à quelque chose.

Typiquement masculin

Pourquoi organise-t-on toujours autant de réunions de travail ?
Pour occuper les hommes pendant que les femmes travaillent.

•

Quel panneau routier est assez paradoxal ?
Celui qui indique un homme en train de travailler.

•

Qu'a dit Dieu après avoir créé l'homme ?
J'aurais dû prévoir un contrôle de qualité.

Que représente le congé de paternité pour un homme ?
Avoir le temps de se tailler avant que la père de la fille ne découvre qui est le père de l'enfant.

●

Que fait un homme bien élevé ?
Il s'excuse après avoir roté.

●

Quel est le pire conseil qu'un psychiatre peut donner à un homme ?
D'être lui-même.

●

Quel est le meilleur livre que l'homme pourrait lire ?
L'homme qui s'aimait trop.

Pourquoi les hommes craignent-ils la paternité ?
Parce qu'ils sont encore des enfants.

•

Quel est le point commun entre l'homme et le communisme ?
Aucun des deux ne fonctionne.

•

Pourquoi Colomb avait-il une attitude typiquement masculine ?
Il croyait qu'il savait où il allait...